Impressum
Verlag: BABADADA GmbH, Nedderfeld 112 , 22529 Hamburg
Geschäftsführer / Verlagsleitung: Harald Hof
Druck: Books on Demand GmbH, In de Tarpen 42, 22848 Norderstedt

Imprint
Publisher: BABADADA GmbH, Nedderfeld 112 , 22529 Hamburg, Germany
Managing Director / Publishing direction: Harald Hof
Print: Books on Demand GmbH, In de Tarpen 42, 22848 Norderstedt, Germany

បន្ទប់រៀន
ystafell ddosbarth

ចក្រែ
rhannu

186/2

ទីធ្លាសាលារៀន
iard ysgol

គ្រូបង្រៀន
athro

កុងារ
bwrdd

សរសេរ
ysgrifennu

កុរដាស
papur

បិក
pen

តុការិយាល័យ
desg

បន្ទាត់
pren mesur

សៀវភៅ
llyfr

កូនសិស្ស
disgybl

សម្ភារៀតសុបកៃ

bag ysgol

ប្អរអប់ដាក់ខុមទៅដៃ

blwch penseli

ខុមទៅដៃ

pensil

ប្អរដាប់ខ្ចងខុមទៅដៃ

peth rhoi min ar bensil

ជ័រលុប

rwber

ផ្ទាំងគំនូរ

pad arlunio

គំនូរ
....
llun

ជក់គូរ
....
brws paent

បុរអប់ថ្នាំលាប
....
blwch paent

កន្ត្រៃ
....
siswrn

ការបិទ
....
glud

សរៀវភៅលំហាត់
....
llyfr ysgrifennu

កិច្ចការផ្ទះ
....
gwaith cartref

12

លខ
....
rhif

2+2

ប្ហក
....
ychwanegu

5-2

ជក
....
tynnu

2×2

គុណ
....
lluosi

គណនា
....
cyfrifo

A

លិខិត
....
llythyren

ABCDEFG
HIJKLMN
OPQRSTU
VWXYZ

អក្ខរក្រម
....
gwyddor

hello

ពាក្យ
....
gair

អត្ថបទ

testun

អាន

darllen

ដីស

sialc

មេរៀន

gwers

ចុះឈ្មោះ

cofrestr

ការប្បូរលេង

arholiad

វិញ្ញាបនបត្រ

tystysgrif

ឯកសណ្ឋានសាលា

gwisg ysgol

ការអប់រំ

addysg

សព្វវិចនាធិប្បាយ

gwyddoniadur

សាកលវិទ្យាល័យ

prifysgol

មីក្រូទស្សន៍

microsgop

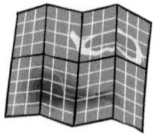

ផែនទី

map

កន្ត្រកដាក់សំរាមក្រដាស

basged papur gwastraff

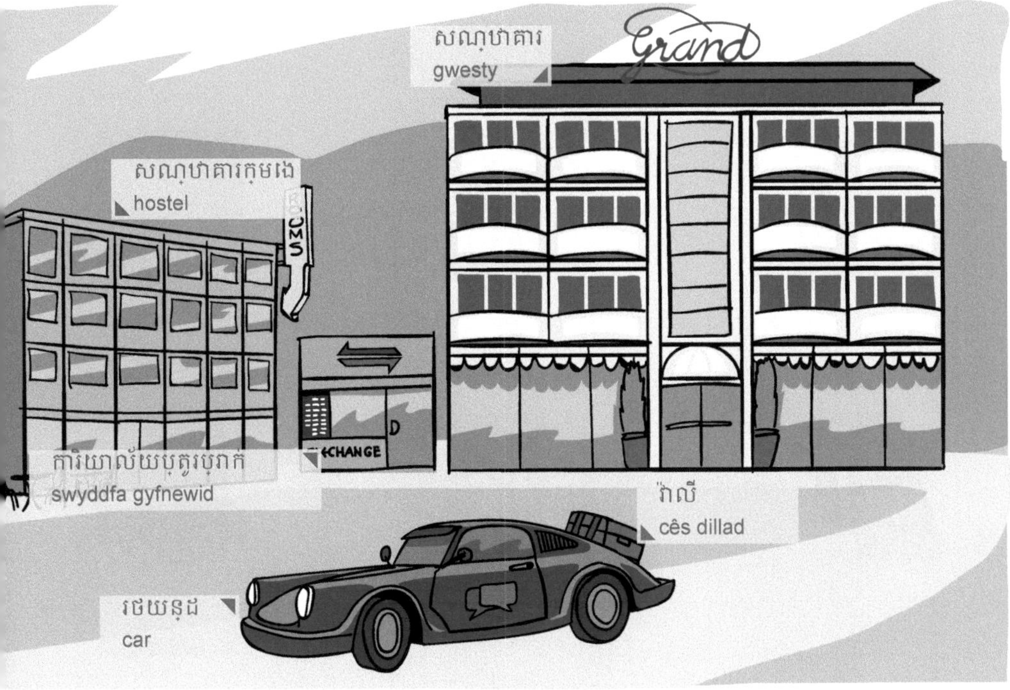

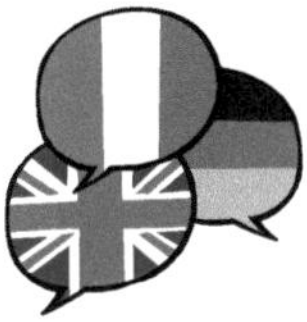

សណ្ឋាគារ
gwesty
Grand
សណ្ឋាគារក្មេង
hostel
ROOMS
ការិយាល័យប្តូរប្រាក់
swyddfa gyfnewid
EXCHANGE
វ៉ាលី
cês dillad
រថយន្ដ
car

ភាសា
iaith

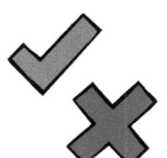

បាទ / ទេ
ie / na

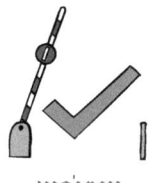

យល់ព្រម
iawn

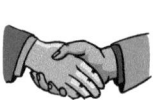

សាយ័ន្តសួស្តី!
helo

អ្នកបកប្រែ
cyfieithydd

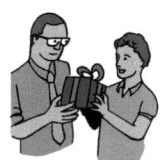

សូមអរគុណ
Diolch yn fawr

ចូលប៉ុន្នុមាន... ?

faint yw ...?

ខ្ញុំមិនយល់

Dw i ddim yn deall

បញ្ហា

problem

ទិវាស្វស្តី!

Noswaith dda!

អរុណស្វស្តី

Bore da!

រាត្រីស្វស្ដី!

Nos da!

លាហើយ

hwyl

ទិសដៅទៅ

cyfarwyddyd

អីវ៉ាន់

bagiau

កាបូប

bag

កាបូបស្ពាយក្រោយ

gwarbac

ភ្ញៀវ

gwestai

បន្ទប់

ystafell

ថង់ដេក

sach gysgu

តង់

pabell

ព័ត៌មានទូសេចរណ៍

gwybodaeth i ymwelwyr

ឆ្នេរ

traeth

កាតឥណទាន

cerdyn credyd

អាហារពេលព្រឹក

brecwast

អាហារថ្ងៃត្រង់

cinio

អាហារពេលល្ងាច

swper

សំបុត្រ

tocyn

ជណ្តើរយន្ត

lifft

តែម

stamp

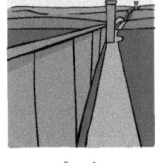

ពុំជដនៃ

ffin

គយ

tollau

ស្ថានទូត

llysgenhadaeth

ទិដ្ឋាការ

fisa

លិខិតឆ្លងដែន

pasbort

ការដឹកជញ្ជូន

cludiant

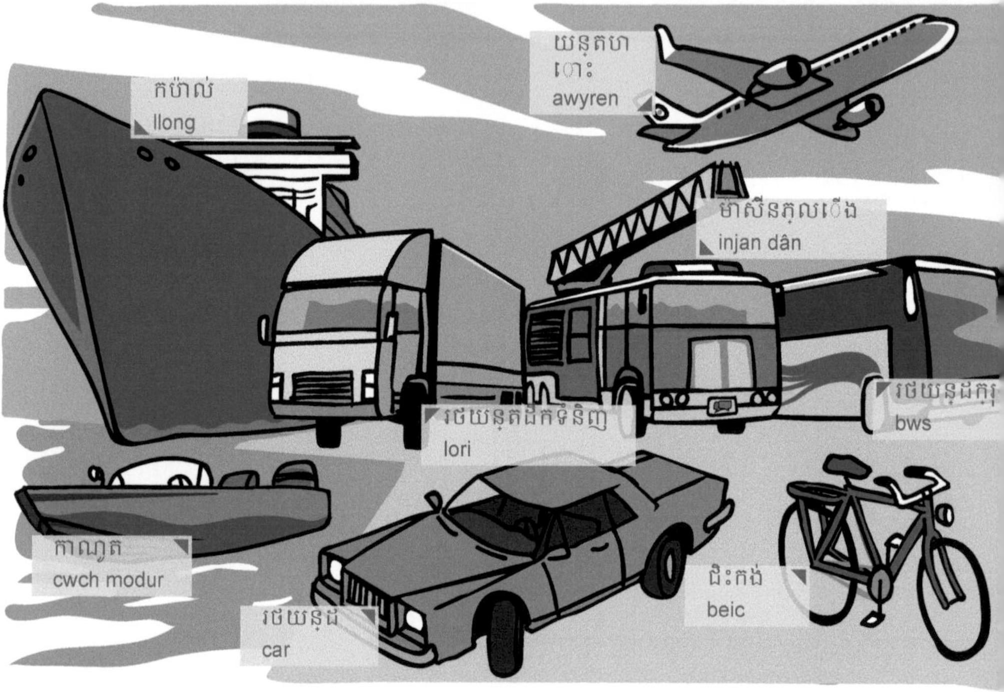

យន្តហោះ
awyren
កប៉ាល់
llong
ម៉ាស៊ីនភ្លើង
injan dân
រថយន្តក្រុ
bws
រថយន្តដឹកទំនិញ
lori
កាណូត
cwch modur
ជិះកង់
beic
រថយន្ដ
car

សាឡាង

fferi

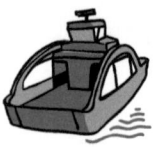

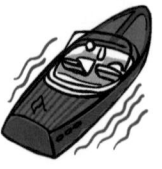

ទូក

cwch

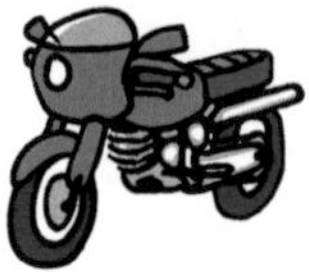

ម៉ូតូ

beic modur

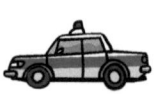

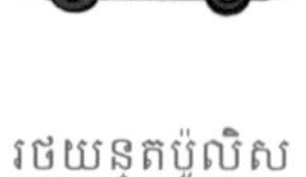

រថយន្តប៉ូលិស

car yr heddlu

រថយន្តប្រណាំង

car rasio

រថយន្តជួល

car wedi'i rentu

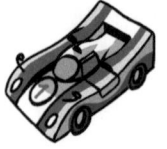

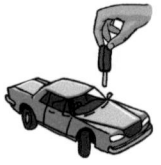

ការចែកវៃលវៃរថយន្ត
rhannu car

ឡ្លានសុទូច
lori tynnu

ឡ្លានបុរម្មួលសំរាម
lori ysbwriel

ម៉្ូត្ូ
modur

បុរវៃងឝនុធន:
tanwydd

សុជានីយបុរវៃង
gorsaf betrol

វុឡាកសញ្ញាចាចរវាចរណ៏
arwydd traffig

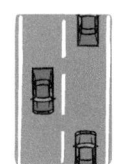

ការធុរវៃឌចាចរណ៏
traffig

កកសុទ:ចាចរណ៏
tagfa draffig

ចំណត
maes parcio

សុជានីយរថកុលវៃឌ
gorsaf drennau

ផុលុវឌវៃក
traciau

រថកុលវៃឌ
trên

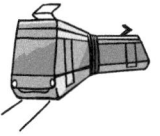

រថអគុគីសនី
tram

ទូរថកុលវៃឌ
wagen

ឧទ្ធម្ភាគចក្រ

hofrennydd

ពុរលានយន្តហោះ

maes awyr

ប៉ម

twr

អ្នកដំណើរ

teithiwr

កុងតឺន័រ

cynhwysydd

ករដាសកាតុង

paced

រទេះ

cert

កញ្ចប់

basged

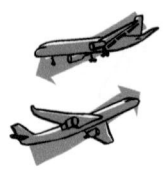

ហោះឡ្បើង / ចុះ

esgyn / glanio

ទីក្រុង

dinas

ភូមិ

pentref

កណ្ឌាលទីក្រុង

canol y ddinas

ផ្ទះ

tŷ

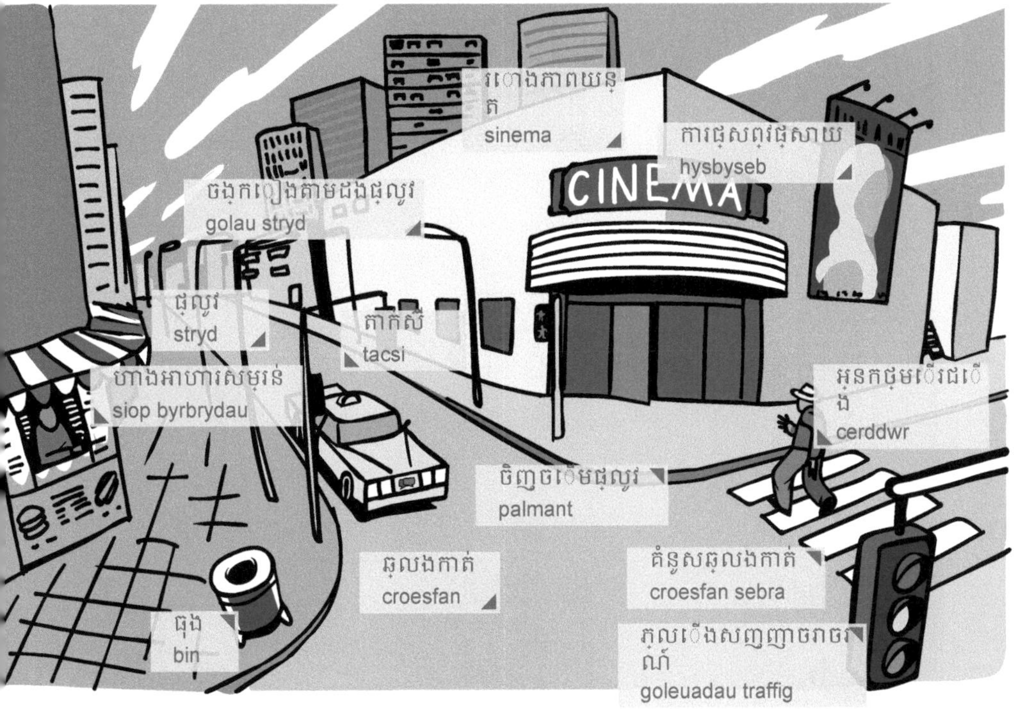
រោងភាពយន្ត
sinema
ការផ្សព្វផ្សាយ
hysbyseb
CINEMA
ចង្កៀងតាមដងផ្លូវ
golau stryd
ផ្លូវ
stryd
តាក់ស៊ី
tacsi
ហាងអាហារសម្រន់
siop byrbrydau
អ្នកថ្មើរជើង
cerddwr
ចិញ្ចើមផ្លូវ
palmant
ឆ្លងកាត់
croesfan
គំនូសឆ្លងកាត់
croesfan sebra
ធុង
bin
ភ្លើងសញ្ញាចរាចរណ៍
goleuadau traffig

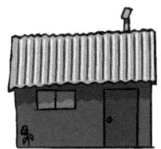

ខ្ទម

cwt

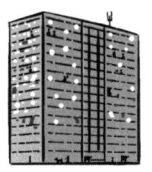

ផ្ទះល្វែង

fflat

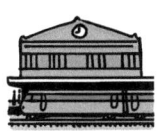

ស្ថានីយរថភ្លើង

gorsaf drennau

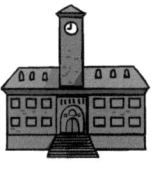

សាលាក្រុង

neuadd y dref

MUSEUM

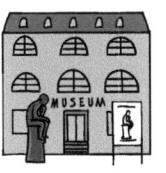

សារមន្ទីរ

amgueddfa

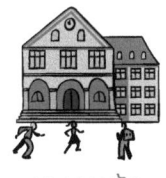

សាលារៀន

ysgol

សាកលវិទ្យាល័យ

prifysgol

ធនាគារ

banc

មន្ទីរពេទ្យ

ysbyty

សណ្ឋាគារ

gwesty

ឱសថស្ថាន

fferyllfa

ការិយាល័យ

swyddfa

ហាងលក់សៀវភៅ

siop lyfrau

ហាង

siop

ហាងផ្កា

siop flodau

ផ្សារទំនើប

archfarchnad

ទីផ្សារ

farchnad

ហាងទំនិញ

siop adrannol

ហាងលក់ត្រី

siop bysgod

មជ្ឈមណ្ឌលផ្សារទំនើប

canolfan siopa

កំពង់ផែ

harbwr

ឧទ្យាន

parc

បង្គ

banc

ស្ពាន

pont

ជណ្ដើរ ថើរ

grisiau

ផ្លូវក្រោមដី

rheilffordd danddaearol

ផ្លូវរូងក្រោមដី

twnnel

ចំណតរថយន្តក្រុង

safle bws

បារ

bar

ភោជនីយដ្ឋាន

bwyty

ប្រអប់សំបុត្រ

blwch post

សញ្ញាតាមដងផ្លូវ

arwydd stryd

ឧបករណ៍បូរមួលផុលចំណត

mesurydd parcio

សួនសត្វ

sŵ

អាងហាលែទឹក

pwll nofio

វិហារអ៊ីស្លាម

mosg

កសិដ្ឋាន

ffarm

ការបំពុល

llygredd

វាលកប់ខ្មោច

mynwent

ព្រះវិហារ

eglwys

គុររឿងអំវិលក្មេងលេង

maes chwarae

បុរាសាទ

teml

ទេសភាព

tirwedd

ស្លឹក
deilen

សញ្ញាប្រាប់ទិសដៅទៅ
arwydd cyfeirio

ផ្លូវ
ffordd

វាលស្មៅទៅ
dôl

ដុំថ្ម
carreg

ដើមឈើ
coeden

អ្នកឡ្បើងភ្នំ
heiciwr

ទន្លេ
afon

ដើមឈើ
coeden

ស្មៅទៅ
glaswellt

ផ្កា
blodyn

ជួរលេងភ្នំ

cwm

កូនភ្នំ

bryn

បឹង

llyn

ព្រៃឈើ

coedwig

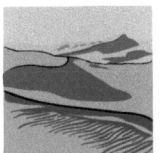

វាលខ្សាច់

anialwch

ភ្នំភ្លើង

llosgfynydd

គ្រឿងកូរប្រើ

castell

ឥន្ធនូ

enfys

ផ្សិត

madarchen

ដើមត្នោត

palmwydden

មូស

mosgito

រុយ

pryf

ស្រមោច

morgrugyn

សត្វឃ្មុំ

gwenyn

ពីងពាង

pryf copyn

សត្វកញ្ចៃ

chwilen

កង្កែប

llyffant

កំប្រុក

gwiwer

សត្វកាំប្រមា

draenog

ទន្សាយសួលឹក

ysgyfarnog

សត្វទីទុយ

tylluan

បក្សី

aderyn

ហង្ស

alarch

ជ្រូក

baedd

សត្វក្តាន់

carw

សត្វក្តជាន់

elc

ទំនប់

argae

កង្ហារខ្យល់

tyrbin gwynt

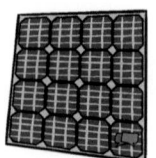

បន្ទះស្វូឡា

panel haul

អាកាសធាតុ

hinsawdd

អ្នករត់តុ
gweinydd

ម៉ឺនុយ
bwydlen

កៅអី
cadair

ស៊ុប
cawl

ភីហ្សា
pitsa

កាំបិត
cyllyll a ffyrc

កម្រាលតុ
lliain bwrdd

អាហារសម្រន់

cwrs cyntaf

អាហារសំខាន់

prif gwrs

បង្អែម

pwdin

ភេសជ្ជៈ

diodydd

អាហារ

bwyd

ដប

potel

អាហារហាស់
....
bwyd cyflym

អាហារតាមផ្លូវ
....
bwyd y stryd

ប៉ាន់តែ
....
tebot

បុរអប់ស្ករ
....
powlen siwgr

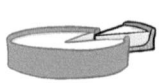

ចំណកែ
....
dogn

ម៉ាស៊ីនឆុងកាហ្វអែិចស្ប្រេ
.........ស្ប៉ូ.......
peiriant espresso

កៅអីខ្ពស់
....
cadair plentyn

វិក្កយបត្រ
....
bil

ថាស
....
hambwrdd

កាំបិត
....
cyllell

សម
....
fforc

ស្លាបព្រា
....
llwy

ស្លាបព្រាកាហ្វេ
....
llwy de

កន្សែងជូតខ្លួន
....
napcyn

កវែ
....
gwydr

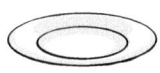

ចានទាប

plât

ចានស៊ីប

plât cawl

ចានទូរនាប់

soser

ទឹកជ្រលក់

saws

ដបអំបិល

pot halen

ប្រដាប់កិនម្រេច

melin bupur

ទឹកខ្មេះ

finegr

ប្រេង

olew

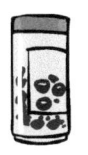

គ្រឿងទេស

sbeisys

ទឹកប់ដេប់ចោះ

saws coch

ម៉ូតាក

mwstard

ទឹកមយ៉ូណេ

mayonnaise

ផ្សារទំនើប

archfarchnad

ការផ្តល់ជូនពិសេស
cynnig arbennig
FOR
អតិថិជន
cwsmer
ទឹកដោះគោ
cynnyrch llaeth
ផ្លែឈើ
ffrwythau
រទេះរុញ
troli

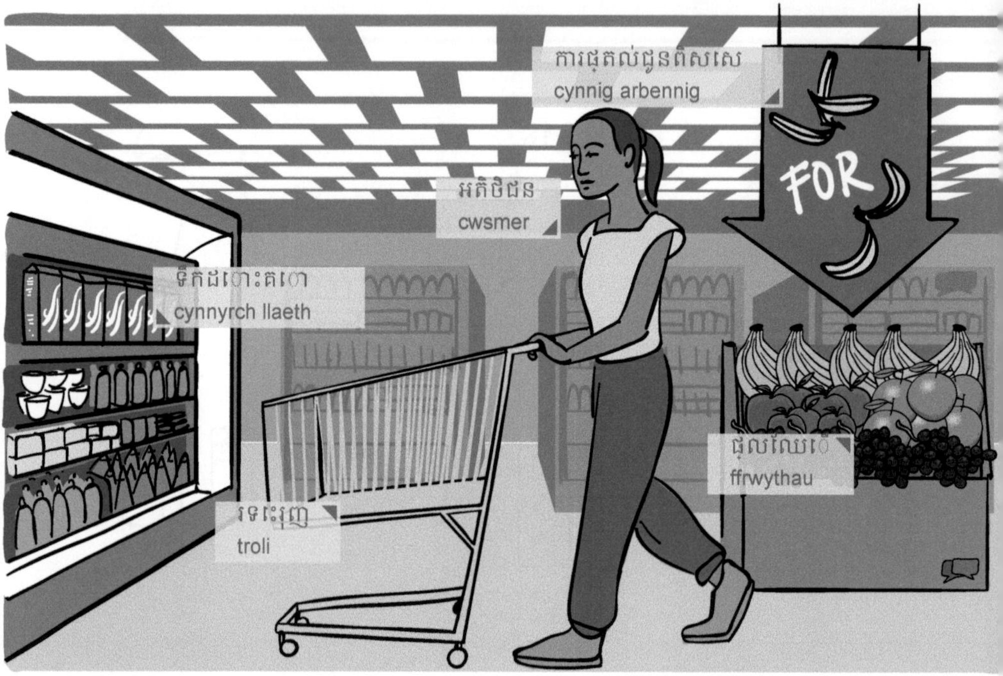

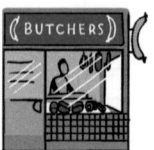

BUTCHERS

ហាងកាប់ជ្រូក

siop gig

BAKERY

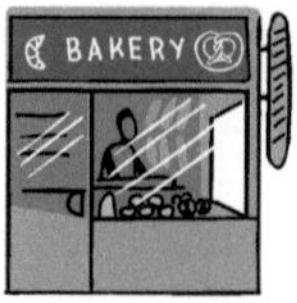

ហាងដុតនំ

siop fara

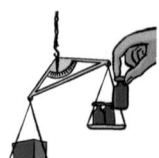

ថ្លឹង

pwyso

បន្លែ

llysiau

សាច់

cig

អាហារក្លាសុសេ

Bwyd wedi'i rewi

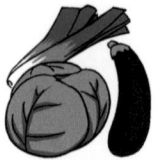

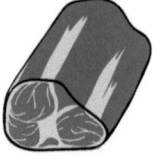

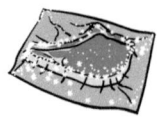

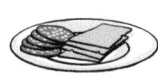

សាច់កុលាសរ

cig oer

អាហារកំប៉ុង

bwyd tun

មុសរៅលាង

powdr golchi

សុអរគុរាប់

da-da

ផលិតផលក្នុងគ្រួសារ

cynnyrch cartref

ផលិតផលសមុអាត

cynhyrchion glanhau

អ្នកលក់

gwerthwraig

ចុតដាក់លុយ

til

បេឡ្គា

ariannwr

បញ្ជីទិញទំនិញ

rhestr siopa

ម៉ោងធ្វេៀការ

oriau agor

កាប៉បលុយបុរុស

waled

កាតឥណទាន

cerdyn credyd

ថង់

bag

ថង់ប្លាស្ទិច

bag plastig

ទឹក

dŵr

ទឹកផ្លែឈើ

sudd

ទឹកដោះគោ

llefrith

កូកាកូឡា

côc

ស្រា

gwin

ស្រាបៀរ

cwrw

គ្រឿងស្រវឹង

alcohol

កាកាវ

coco

តែ

te

កាហ្វេ

coffi

កាហ្វេអិិតស្ព្រ័ស្សូ

espresso

កាហ្វេកោពូឈីណូ

cappuccino

ចកេ

ffrwchledd

ផ្លែប៉ោម

afal

ផ្លែក្រូច

oren

ឪឡឹក

melon

ក្រូចឆ្មា

lemwn

ការ៉ុត

moronen

ខ្ទឹម

garlleg

ឫស្សី

bambŵ

ខ្ទឹមហាវាំង

nionyn

ផ្សិត

madarchen

គ្រាប់ផ្លែឈើ

cnau

មី

nwdls

ម៉ីអ៊ីតាលី

sbageti

ហាយ

reis

សាឡាត់

salad

ដំឡូងចៀន

sglodion

ដំឡូងចៀន

tatws wedi'u ffrïo

ភីហ្សា

pitsa

ប៊ីហ្គឺ

hambyrger

សាំងវិច

brechdan

សាច់ជាប់ឆ្អឹងជំនី

cytled

ហាំ

ham

សាឡាម៉ី

salami

សាច់ក្រក

selsig

សាច់មាន់

cyw iâr

អាំង

rhost

ត្រី

pysgodyn

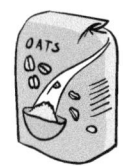

អាវ៉ែនបបរ

ceirch uwd

មុយ៉ូសុលី

miwsli

ដំឡូងចំណិត

creision ŷd

មុសៅ

blawd

នំគួរសង់

croissant

នំប៉ុងមុយ៉ាងមូលតូចៗ

bynsen

នំប៉ុង

bara

អាំង

tost

នំប៊ីស្គីត៍

bisgedi

បឺរ

menyn

ទឹកដោះខាប់

ceuled

នំខេក

teisen

ស៊ុត

wy

ស៊ុតចៀន

wy wedi'i ffrïo

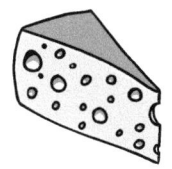

ឈីស

caws

ការ៉េម

hufen iâ

ស្ករ

siwgr

ទឹកឃ្មុំ

mêl

ដំណាប់

jam

ក្រមែតាំងម៉៉រ

siocled taenu

ការី

cyri

ផ្ទះក្នុងកសិដ្ឋាន
ffermdy

ជង្រុក
ysgubor

ខ្សែចេងចម្បបវើ
ង
bwrn gwellt

វលេបប្ជិរវើ
maes

សេះ
ceffyl

វេលសណ្ដជ
ពោង
ôl-gerbyd

កូនសេះ
ebol

តុរាកម្ទរ
tractor

សត្វលា
asyn

សត្វវេចេៀម
dafad

កូនចេៀម
oen

ពពែ
gafr

គវេាញី
buwch

កូនគវេា
llo

ជ្រូក
mochyn

កូនជ្រូក
porchell

គវេាឈ្មមវេាល
tarw

សត្វក្ងុដាន

gwydd

ទា

hwyaden

កូនមាន់

cyw

មមោន់

iâr

មាន់ឈ្មោល

ceiliog

កណ្តុរ

llygoden fawr

ឆ្មា

cath

កណ្តុរបួរមេៈ

llygoden

គោឈ្មោល

ych

ឆ្កែ

ci

ផ្ទៈឆ្កែ

cwt ci

ទុយោទឹក

pibell ddŵr

ធុងស្រោចទឹក

can dŵr

ខូរវែបក

pladur

នង្គ័ល

aradr

កណ្ដៀវ
....
cryman

ចបកាប់
....
fforch chwynu

រនាស់
....
picwarch

ពូថៅ
....
bwyell

រទេះរុញ
....
berfa

សុន្ទក
....
cafn

កំប៉ុងទឹកដោះគោ
....
tun llefrith

ហារ
....
sach

របង
....
ffens

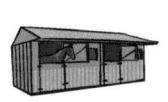

កូររេាល
....
stabl

ផ្ទះកញ្ចចក់
....
tŷ gwydr

ដី
....
pridd

គូរាប់ពូជ
....
hedyn

ជី
....
gwrtaith

ម៉ាស៊ីនបរមួលផល
....
dyrnwr medi

បរមូលផល
cynaeafu

ការបរមូលផល
cynhaeaf

ដំឡូងជួក
iamau

សុរវសាលី
gwenith

សណ្ដែកកែស្ទៀង
soi

ដំឡូងជួក
tysen

ពពោត
grawn

គុរាប់បូររងៃ់បៃ
had rêp

ដឈើមឈឈើហ្យុបផុលវៃ
coeden ffrwythau

ដំឡូងមី
manioc

ចញ្ញញជាតិ
grawnfwydydd

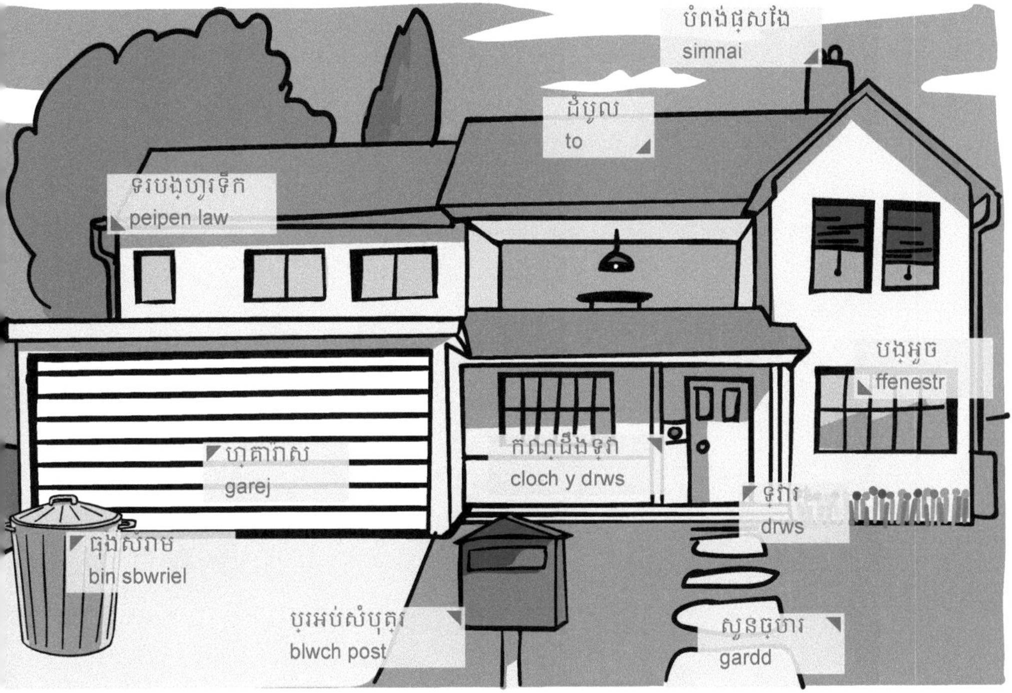

បំពង់ផ្សែង
simnai

ដំបូល
to

ទុយបង្ហូរហូរទឹក
peipen law

បង្អួច
ffenestr

ហ្គារ៉ាស
garej

កណ្ដឹងទ្វារ
cloch y drws

ទ្វារ
drws

ធុងសំរាម
bin sbwriel

ប្រអប់សំបុត្រ
blwch post

សួនច្បារ
gardd

បន្ទប់ទទួលភ្ញៀវ
lolfa

បន្ទប់ទឹក
ystafell ymolchi

ផ្ទះបាយ
cegin

បន្ទប់គេង
ystafell wely

បន្ទប់របស់កុមារ
ystafell plentyn

បន្ទប់ទទួលទានអាហារ
ystafell fwyta

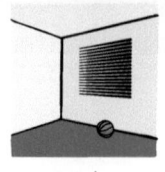

ជាន់

llawr

ជញ្ជាំង

wal

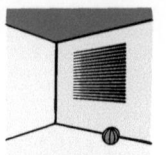

ពិដាន

nenfwd

បន្ទប់ក្រោមដី

seler

សូណា

sawna

យ៉ៈរ

balconi

ផ្ទៃវាបសុមរ៉េនទៅជមួល
ក្នុំ

teras

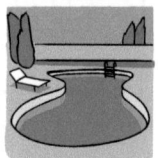

អាងហាលែទឹក

pwll

ម៉ាស៊ីនកាត់សុមទៅ

peiriant torri gwair

សន្លឹក

taflen

កម្រាលគ្របវែដគេ

gorchudd gwely

គ្របវែ

gwely

អំបរោស

ysgub

ផុង

bwced

កុងតាក់

swits

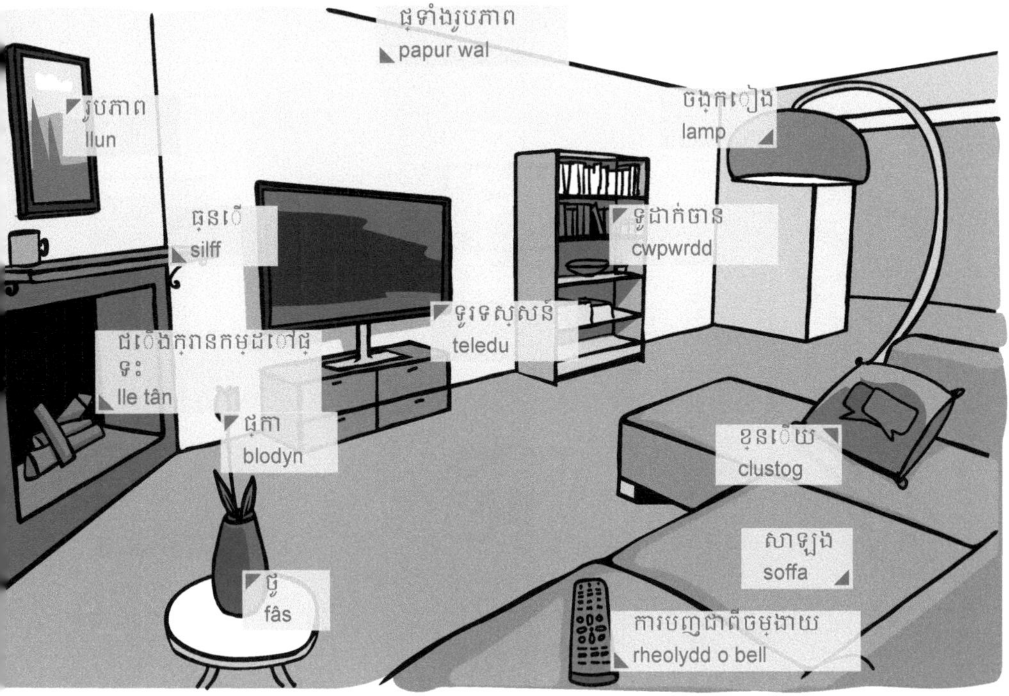

ផ្ទាំងរូបភាព
papur wal

រូបភាព
llun

ចង្កៀងរៀង
lamp

ធ្នើរ
silff

ទូដាក់ចាន
cwpwrdd

ជញ្ជាំងកុរានកមដៅផ្ទុះ
lle tân

ទូរទស្សន៍
teledu

ផ្កា
blodyn

ខ្នើយ
clustog

សាឡុង
soffa

ថូ
fâs

ការបញ្ជាពីចម្ងាយ
rheolydd o bell

កម្រាលព្រំ
carped

រាំងនន
llen

តុ
bwrdd

កៅអី
cadair

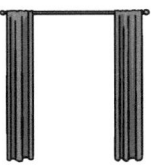

កៅអីប៉ាក់ប៉ើក
cadair siglo

កៅអីក្នាក់ដៃ
cadair freichiau

សៀវភៅទូទៅ

llyfr

ភួយ

blanced

ការតុបតែង

addurn

អុសដុត

coed tân

ខ្សែភាពយន្ត

ffilm

ឧបករណ៍ Hi-Fi

hi-fi

កូនសោ

agoriad

កាសែត

papur newydd

គំនូរ

darlun

ផ្ទាំងរូបភាព

poster

វិទ្យុ

radio

ណូតជគេ

llyfr nodiadau

ម៉ាស៊ីនបូមធូលី

hwfer

ដំបងយកុស

cactws

ទៀន

cannwyll

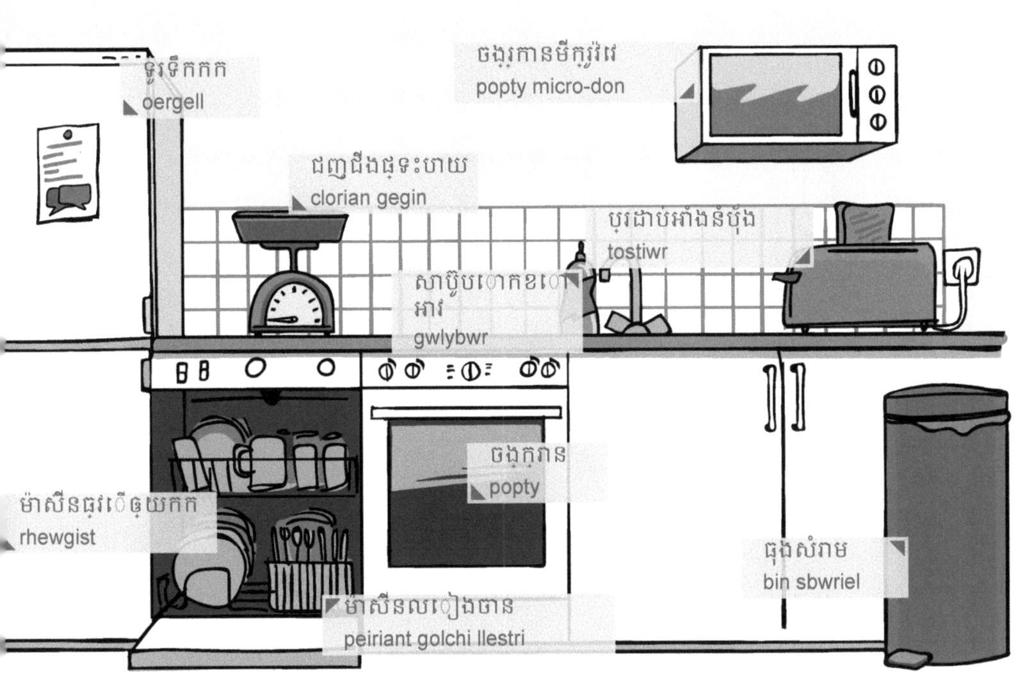

ទូរទឹកកក
oergell

ចង្ក្រានមីក្រូវែវ
popty micro-don

ជញ្ជីងផ្ទះទៈបាយ
clorian gegin

ប៊ុរដោបអាំងនំប៉័ង
tostiwr

សាប៊ូបោកខោអាវ
gwlybwr

ចង្ក្រាន
popty

ម៉ាស៊ីនផុរលៀងជយកក
rhewgist

ម៉ាស៊ីនលាងៀងចាន
peiriant golchi llestri

ធុងសំរាម
bin sbwriel

ចង្ក្រាន
....
popty

ឆ្នាំង
....
pot

ឆ្នាំងដែកៃ
....
pot haearn bwrw

ខ្ទៈ / ខ្ទៈឥណ្ឌា
....
wok / kadai

ខ្ទៈ
....
padell

កំសៀវ
....
tegell

ផុនាំងចំហុយ

sosban stemio

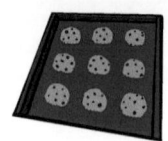

ថាសដុតនំ

hambwrdd pobi

គ្រឿងចានផុនាំងដី

llestri

ថ្វី

mwg

ចានតហោម

powlen

ចង្កឹះ

gweill bwyta

វែកសមុល

lletwad

វែកកូរ

ysbodol

បុរដោប់វាយក្រឡូក

chwisg

តម្រង

hidlydd

កន្ត្រង

gogr

បុរដោប់កហោសដុង

gratiwr

គ្រហាល់

morter

ការអាំងសាច់

barbeciw

ចង្ក្រានការចំហ

tân agored

ជុរញ់

bwrdd torri cig

ឬរដាប់កិនម្សៅ

rholbren

ឬរដាប់ម្សៅរបើកធុនុកស្រា

tynnwr corcyn

កំប៉ុង

tun

ឬរដាប់បេីកកំប៉ុង

peth agor tuniau

កុរណាត់ទុរប់ផ្គនាំង

clwt pot

កន្លងៃលោងចាន

sinc

ជក់

brws

អប៉ុង

sbwng

ម៉ាស៊ីនកុររឡ្យក

peiriant cymysgu

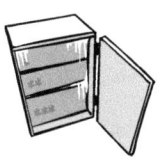

ទូរទឹកកកខ្ុនាតភ្ូច

rhewgell

ដបទឹកដៃពោះគៅ

potel babi

រ៉ូប៊ីណៃ

tap

កម្រដៅ
gwres

កន្សែង
tywel

ផ្កាឈូក
cawod

ការងូតទឹកពណ៌៖
baddon ewyn

រាំងននងូតទឹកផ្កាឈូក
llen gawod

អាងងូតទឹក
baddon

ម៉ាស៊ីនអោកតតំ
peiriant golchi

កូរទ្បាកុបឡេង
teils

រ៉ូប៊ីណេ
tap

កញ្ចក់
gwydr

ចានបង្គន់
potyn

កន្សែងលាងចាន
sinc

បង្គន់

tŷ bach

បង្គន់អង្គុយ

toiled cyrcydu

ផរ៉ើងដមុរកាយ

bidet

កុលាំទឹកនហោម

troethfa

ក្រដាសបង្គន់

papur tŷ bach

ច្រាសដុសបង្គន់ន

brws tŷ bach

ច្រាសដុសធ្មេញ
brws dannedd

ថ្នាំដុសធ្មេញ
past dannedd

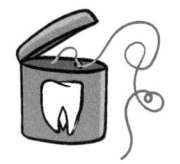

ខ្សែទាក់សម្អាតធ្មេញ
edau ddannedd

លាង
golchi

បុរដោប់ដាក់ដផ្កាឈូក
cawod llaw

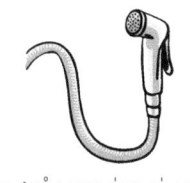

ទឹកថ្នាំសម្រាប់ហាញ់លាង
golchfa

អាង
basn

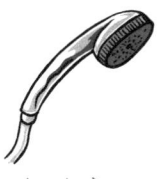

ច្រាសដុសខ្នង
brws-ôl

សាប៊ូ
sebon

លសម្រាប់ងួតទឹកផ្កាឈូ
gel cawod

សាប៊ូ
siampŵ

សក្លាត
gwlanen

បំពង់បង្ហូរទឹក
ffos

គ្រែម
hufen

ថ្នាំបំហាត់ក្លិនអាក្រក់
diaroglydd

កញ្ចក់

drych

កញ្ចក់ដៃ

drych llaw

បរដាប់កោរ

rasel

ហ្វូមកោរពុកមាត់

ewyn eillio

ទឹកលាងក្រោយកោរពុកម

ាត់ូច

sent eillio

ក្រាស

crib

ជក់

brws

បរដាប់សម្ងួតសក់

sychwr gwallt

ស៊ុពុរាយហាញ់សក់

chwistrell gwallt

ការតុបតែងមុខ

colur

ក្រមែលាបមាត់

minlliw

ថ្នាំលាបក្រចក

farnais ewinedd

រោមកបុហាស

gwlân cotwm

កន្ត្រៃកាត់ក្រចក

siswrn ewinedd

ទឹកអប់

persawr

កាបូបបពោកគត់

bag ymolchi

លាមក

stôl

ជញ្ជីងថ្លឹងទម្ងន់

clorian

អាវពាក់ងូតទឹក

gŵn baddon

ស្រោមដៃកៅស៊ូ

menig rwber

ធ្នុក

tampon

កន្សែងអនាម័យ

tywel misglwyf

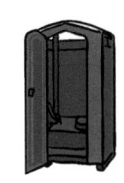

បង្គន់គីមី

toiled cemegol

បន្ទប់របស់កុមារ

ystafell plentyn

នាឡិការោទ៍
cloc larwm
ប្រដាប់ក្មេងអោបលេង
tegan anwes
រថយន្តក្មេងលេង
car tegan
ប្រដាប់អង្រន់លេង
cleciwr
ផ្ទះកូនក្រមុំជ័រ
tŷ dol
អំណោយ
anrheg

ប៉េងប៉ោង

balŵn

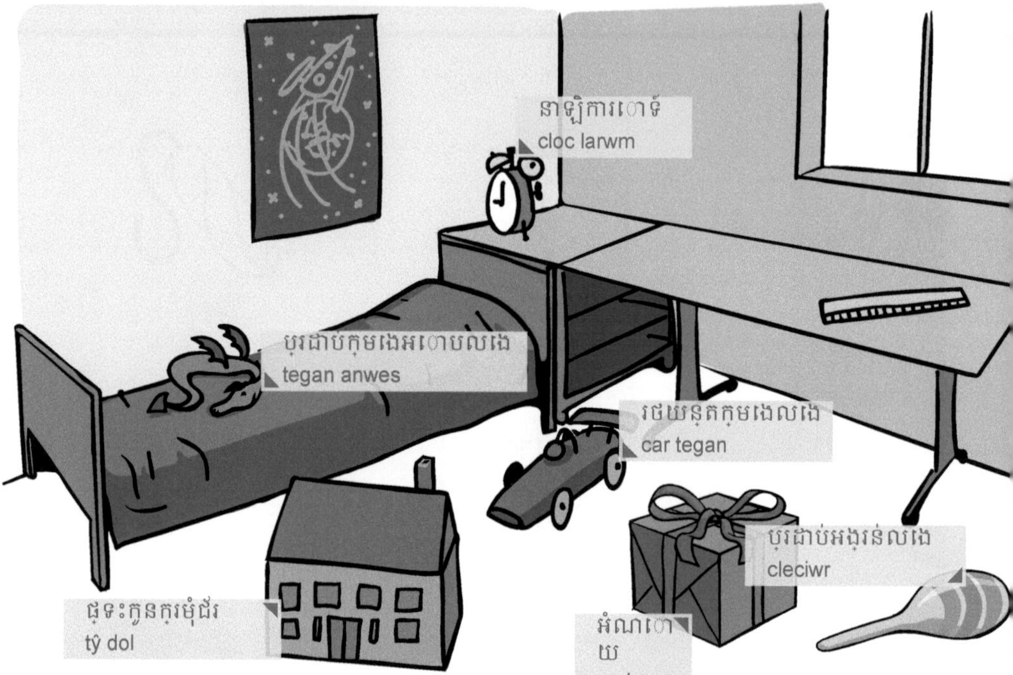

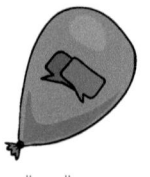

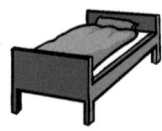

គ្រែ

gwely

រទេះរុញទារក

pram

ហ៊ូបបៀ

pecyn o gardiau

រូបផ្គុំ

jig-so

SUPER
MEGA

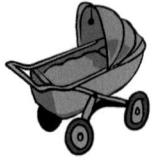

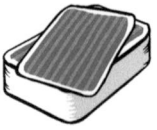

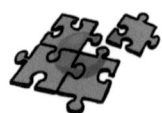

កំប្លែង

comic

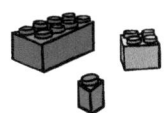

ឥដ្ឋប Lego

brics Lego

បុលុកបូរដោប់កុមឌេងលេង

blociau adeiladu

តួលខេសកម្មភាព

ffigur gweithredu

ខោអាវទារក

babygro

ការគប់ថាស

ffrisbi

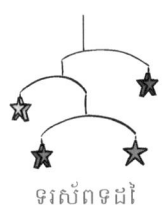

ទូរស័ព្ទដៃ

ffôn symudol

កុតារលុបងេ

gêm fwrdd

គុរាប់ឡូកឡ្បាក់

deis

ឈុតរថភ្លេលើងគំរូ

set model trên

រូបសំណាក

teth lwgu

គណបកុស

parti

សៀវភេៅរូបភាព

llyfr lluniau

ហាល់

pêl

ក្មូនក្មុរម៉ុក្មុក្មកតា

dol

លេង

chwarae

រណ្តៅទៅខ្សាច់

pwll tywod

ទទេង

swing

បុរដោប់កុមងេលងេ

teganau

កុងសូលវីដេអូហ្គតមេ

consol gemau fideo

គ្រីចក្រយានយន្ត

beic tair olwyn

តុក្កតាខ្លោយមុំ

tedi

ទូខោអាវ

cwpwrdd dillad

សម្លៀកបំពាក់

dillad

ស្រោមជើង

hosanau

ស្រោមជើងវៃ

hosanau

ខោទុនាប់នារី

teits

ក្រម៉ា
sgarff

ធតរ
ymbarél

អាវយឺត
crys-t

សក្រែវ៉ាត់
vregys

សុបកែជ េ ឿងវ៉េ
ង
esgidiau

សុបកែជ េ ឿងពាក់នេ
ទ្
sliperi

សុបកែជ េ ឿងហ្វាតា
esidiau ymarfer

សុបកែជ េ ឿងសង្ុរកែ

sandalau

សុបកែជ េ ឿង

esgidiau

សុបកែជ េ ឿងករវ៉ែកេៅស្ុ

esgidiau rwber

ខេ ទ្ាទ្ុនាប់បុរស

trôns

អាវទ្ុនាប់

bra

អាវកោក់

fest

វាងកាយ

corff

ខោវែង

trowsus

ខោខូវបិយ

jîns

សំពត់

sgert

អាវករៅ

blows

អាវ

crys

អាវយឺត

pwlofer

អាវយឺត

hwdi

អាវធំ

blaser

អាវករៅ

siaced

អាវធំ

côt

អាវភ្លៀងវៀង

côt law

គុរវៀងតវែង

gwisg

អាវវែង

gŵn

សំលវៀកបំពាក់អាពាហ៍ពិពាហ៍

gwisg briodas

ខោអាវឈុត
siwt

រ៉ូបរាត្រី
gŵn nos

ឈុតគេង
pyjamas

សារី
sari

កន្សែងជួតក្បាល
sgarff pen

ឆ្នូត
tyrban

ស៊ុបម៉ែខ
bwrca

kaftan
cafftan

abaya
abaya

ឈុតហាលែទឹក
gwisg nofio

ខោខ្លី
trowsus nofio

ខោខ្លី
siorts

ឈុតហាត់កីឡា
tracwisg

អាវអៀម
ffedog

ស្រោមដៃ
menig

ឡ្យារអារ
botwm

វ៉ែនតា
sbectol

ខ្សដៃៃ
breichled

ខ្សកៃ
cadwyn

ចិញ្ចៀន
modrwy

កុវិល
clustdlws

មួក
cap

បុរដោប់ពួយអាវកុរៅ
cambren

មួក
het

កុរវាត់ក
tei

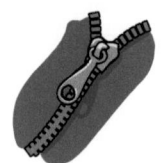

រត
sip

មួកសុវត្ថិភាព
helmed

ខ្សៃ
fframiau danedd

ឯកសណ្ឋានសាលា
gwisg ysgol

ឯកសណ្ឋាន
gwisg

អៀមទារក

bib

រូបសំណាក

teth lwgu

ខោទឹកនោម

cewyn

ការិយាល័យ

swyddfa

ម៉ាស៊ីនមេ
gweinydd

ទូឯកសារ
cwrpwrdd ffeilio

ម៉ាស៊ីនបោះពុម្ព
argraffydd

ម៉ូនីទ័រ
monitor

កុរដាស
papur

តុការិយាល័យ
desg

កណ្តុរ
llygoden

ស៊ីមី
ffolder

កុតារេចុច
bysellfwrdd

កន្ត្រកេដាក់សំរាមកុរដាស
basged papur gwastraff

កុំព្យូទ័រ
cyfrifiadur

កៅអី
cadair

កវែកាហ្វេ

mwg coffi

ម៉ាស៊ីនគិតលេខ

cyfrifiannell

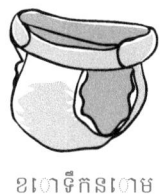

អីនធឺណិត

rhyngrwyd

កុំព្យូទ័រយួរដៃ

gliniadur

លិខិត

llythyr

សារ

neges

ទូរស័ព្ទដៃ

ffôn symudol

បណ្តាញ

rhwydwaith

ម៉ាស៊ីនថតចម្លង

llungopïwr

សូហ្វវែរ

meddalwedd

ទូរស័ព្ទ

teleffon

រន្ធដោតព្លាត

soced plwg

ម៉ាស៊ីនទូរសារ

peiriant ffacs

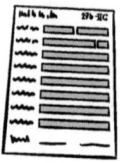

ទម្រង់បែបបទ

ffurflen

ឯកសារ

dogfen

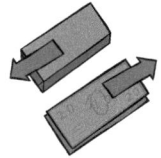

ទិញ
prynu

បង់ប្រាក់
talu

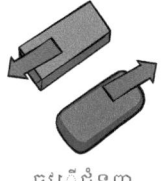

ធូររឿជំនួញ
masnachu

លុយ
arian

ប្រាក់ដុល្លារ
doler

ប្រាក់អឺរ៉ូ
ewro

ប្រាក់យ៉េន
yen

ប្រាក់រូបិល
rwbl

ហ្វ្រង់ស្វ៊ីស
ffranc y Swistir

ប្រាក់យ៉ន
yuan renminbi

ប្រាក់រូពី
rwpi

កន្លែងដែលប្រើសាច់ប្រាក់
peiriant arian

ការិយាល័យបុត្តូរប្រាក់
swyddfa gyfnewid

មាស
aur

ប្រាក់
arian

ប្រេង
olew

ថាមពល
ynni

តម្លៃ
pris

កិច្ចសន្យា
contract

ពន្ធ
treth

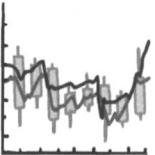

ភាគហ៊ុន
stoc

ធ្វើការ
gweithio

បុគ្គលិក
cyflogai

និយោជក
cyflogwr

រោងចក្រ
ffatri

ហាង
siop

មុខរបរ
swyddi

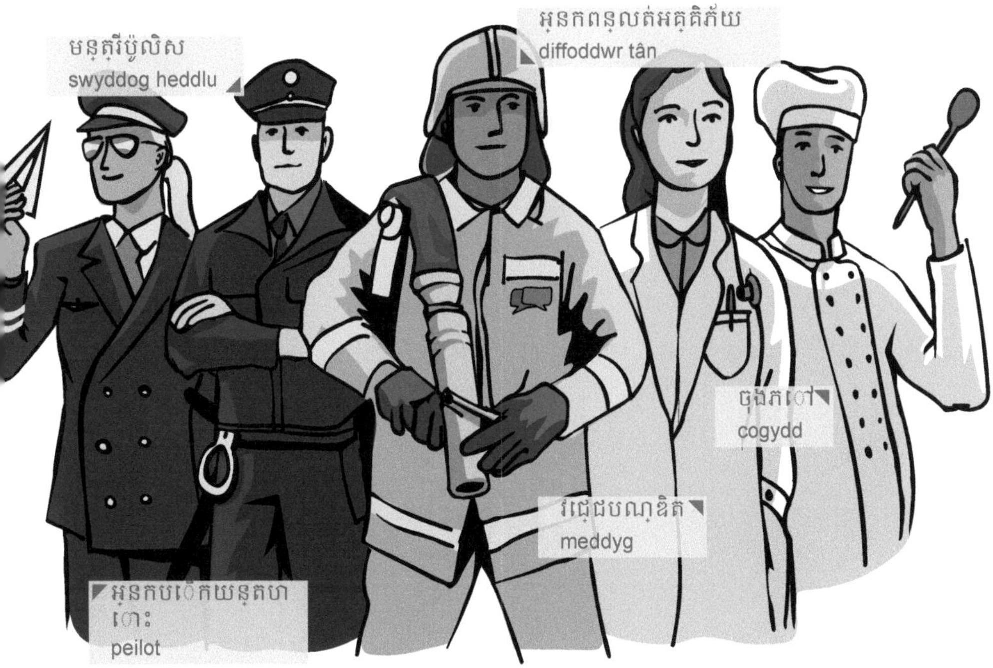

មន្ត្រីប៉ូលិស
swyddog heddlu
អ្នកពន្លត់អគ្គិភ័យ
diffoddwr tân
ចុងភៅ
cogydd
វេជ្ជបណ្ឌិត
meddyg
អ្នកបើកយន្តហោះ
peilot

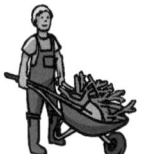

អ្នកថែសួន

garddwr

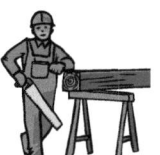

ជាងឈើ

saer

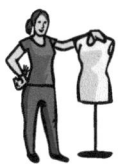

ជាងកាត់ដេរ

gwniadwraig

ចៅក្រម

barnwr

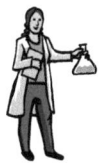

គីមីវិទូ

fferyllydd

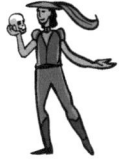

តួកុន

actor

អ្នកបើកឡានក្រុង
gyrrwr bws

អ្នកបើកតាក់ស៊ី
gyrrwr tacsi

អ្នកនេសាទ
pysgotwr

សុត្រីអ្នកសម្អាត
glanhawraig

ជាងដំបូល
töwr

អ្នករត់តុ
gweinydd

អ្នកបរបាញ់សត្វ
heliwr

វិចិត្រករ
paentiwr

អ្នកដុតនំ
pobydd

ជាងអគ្គីសនី
trydanwr

ជាងសំណង់
adeiladwr

វិស្វករ
peiriannydd

អ្នកកាប់សាច់
cigydd

ជាងជួសជុលទុយោរទឹក
plymiwr

អ្នករត់សំបុត្រ
dyn y post

ទាហាន

milwr

ស្ថាបត្យករ

pensaer

បង្ខ្លៀ

ariannwr

អ្នកលក់ផ្កា

gwerthwr blodau

អ្នកអ៊ិតសក់

triniwr gwallt

អ្នកយកលុយ

archwiliwr tocynnau
rheilffordd

ជាងម៉ាស៊ីន

mecanydd

កាព៌ីទនៃ

capten

ពទ្យធ្មេញ

deintydd

អ្នកវិទ្យាសាស្ត្រ

gwyddonydd

គ្រូបង្រៀនច្បាប់សញ្ជាតិជ្ញៀ
ជ្ញឺ
rabi

លោកសង្ឃយចាម

imam

ព្រះសង្ឃយ

mynach

បព្វជិត

clerigwr

ឧបករណ៍

offer

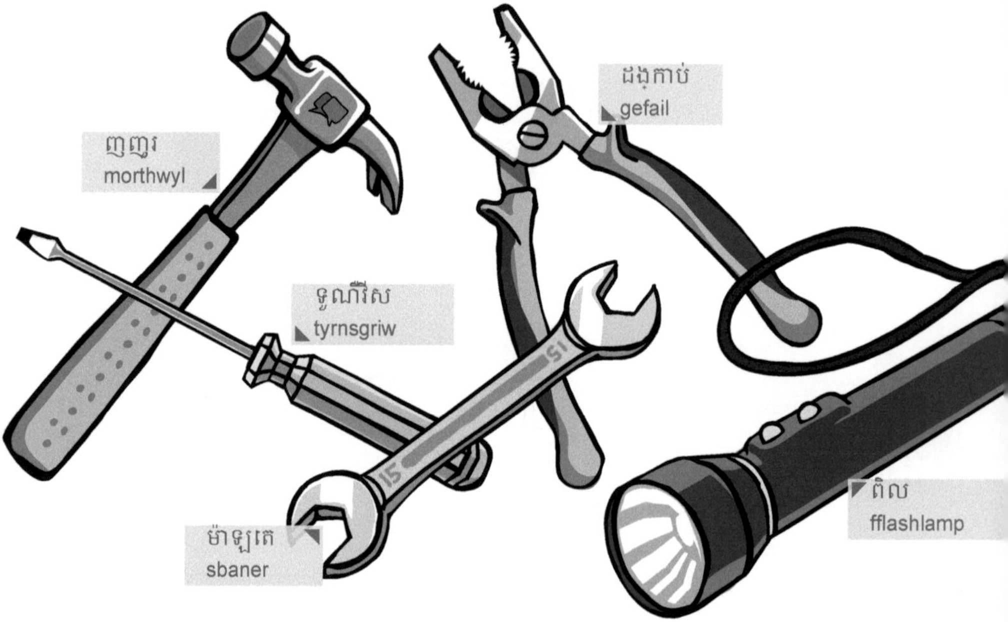
ញញួរ
morthwyl
ដង្កាប់
gefail
ទួណឺវីស
tyrnsgriw
ម៉ាឡេត
sbaner
ពិល
fflashlamp

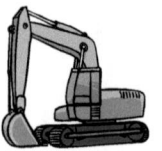

ម៉ាស៊ីនជីក

turiwr

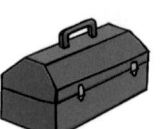

ប្រអប់ឧបករណ៍

blwch offer

ជណ្តើរ

ysgol

រណារ

llif

ដែកគោល

hoelion

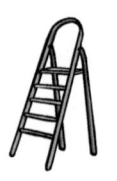

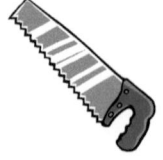

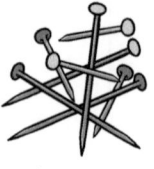

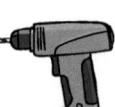

ប្រដាប់ស្វាន

dril

ជួសជុល

trwsio

ប៉ែល

rhaw

ចង្រ្វៃ!

Daria!

បុរដោបច្ចុកធូលី

rhaw lwch

ធុងថ្នាំពណ៌

pot paent

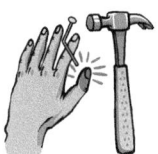

វីស

sgriwiau

ឧបករណ៍តន្ត្រី

offerynnau cerdd

ឆុតស្គរ
set drymiau

ឧបករណ៍បំពងសំឡេង
uchelseinydd

ហ្គីតា
gitâr

ហាសពីរ
bas dwbl

គ្រវ
trwmped

ព្យាណូ

piano

វីយូឡុង

ffidil

បាស

bas

ស្គរពាសសូបកែមុយ៉ាង

timpani

ស្គរ

drymiau

យឺបត

cyweirfwrdd

សាក់សូហ្វូន

sacsoffon

ខ្លុយ

ffliwt

មីក្រូហ្វូន

meicroffon

សត្វខ្លា
teigr

ចូវកច្ចួល
mynediad

ទូរ៉ុង
cawell

សរះបង្កង់
sebra

ការខ្ទិយថណាសត្វ
bwyd anifeiliaid

ខុលាយមុំផនេជា
panda

សត្វ
anifeiliaid

សត្វដំរី
eliffant

សត្វកង់ហុការ្
cangarŵ

សត្វរមាស
rhinoseros

សត្វស្វាហ្គ័រីឡ្លា
gorila

ខុលាយមុំណវតិក្តុនហោត
arth

សត្វអូដ្ឋ

camel

សត្វអ្វទ្រីស

estrys

សត្វតហោ

llew

ស្វា

mwnci

សត្វកុររៀល

fflamingo

សកែ

parot

ខ្លាឃ្មុំតំបន់ប៉ូល

arth wen

ផេនឃ្វីន

pengwin

ត្រីឆ្លាម

siarc

ក្ងោក

paun

សត្វពស់

neidr

ក្រពើ

crocodeil

អ្នករកុសាសួនសត្វ

gofalwr sŵ

ឆ្មាទឹក

morlo

ខ្លារខិនមុយ៉ាង

jagwar

ក្តិនសះ

merlyn

ខ្លារខិន

llewpard

សត្វដីរីទឹក

hipo

សត្វករវែង

jiráff

ពន្លូរី

eryr

ជ្រូក

baedd

ត្រី

pysgodyn

អណ្ដើក

crwban

លោមមច្ចា

walrws

កញ្ជ្រោង

llwynog

ក្ដាន់

gafrewig

កីឡាហាល់ទាត់អាមេរិក
pêl-droed America

ការបរណោរាំងកង់
beicio

កីឡាថេននីស
tennis

កីឡាហាល់បបោះ
pêl-fasged

កីឡាហាលែទឹក
nofio

កីឡាបូរដោល
bocsio

កីឡាវាយកូនហាល់លេ ... កក
hoci iâ

កីឡាហាល់ទាត់
pêl-droed

កីឡាវាយសី
badminton

អត្តគលកម្ម
athletau

កីឡាហាល់កាន់
pêl-law

ការជិះស្គី
sgïo

ប៉ូឡូ
polo

សកម្មភាពនានា
gweithgareddau

សើច
chwerthin
លោត
neidio
ឱប
cofleidio
ដើរ
cerdded
ច្រៀង
canu
សុបិន្ត
breuddwydio
អធិស្ឋាន
gweddïo
ថើប
cusanu

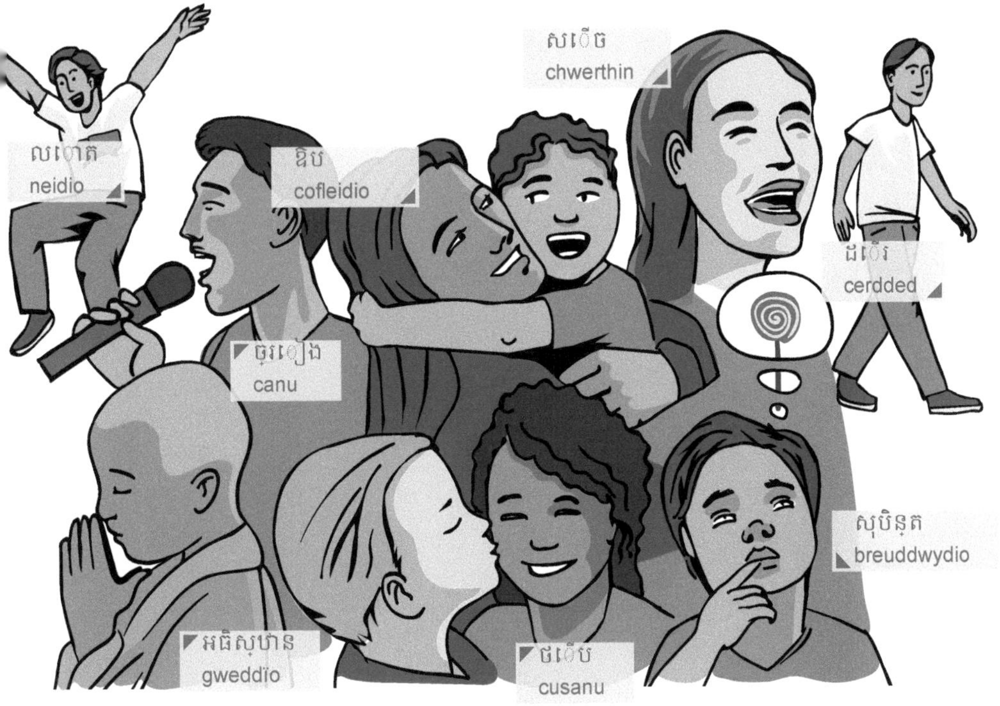

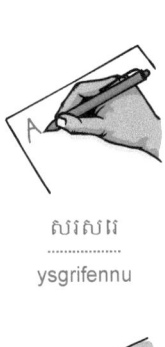

សរសេរ
ysgrifennu

គូរ
tynnu

បង្ហាញ
dangos

រុញ
gwthio

ឲ្យ
rhoi

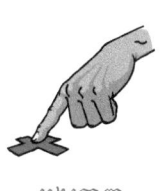

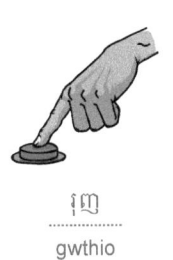

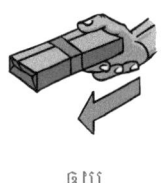

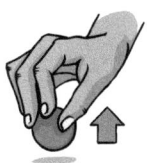

យក
cymryd

មាន

bod gan

ធ្វើវៃ

gwneud

គី

bod

ឈរ

sefyll

រត់

rhedeg

ទាញ

tynnu

បោះ

taflu

ធ្លាក់

disgyn

កុហក

gorwedd

រង់ចាំ

aros

យួរ

cario

អង្គុយ

eistedd

សួលៀកពាក់

gwisgo amdanoch

ដេក

cysgu

ភ្ញាក់ឡ្បើង

deffro

មើល

edrych ar

យំ

crïo

គូសវាស

anwesu

សិតសក់

cribo

និយាយ

siarad

យល់

deall

ស្ទួរ

gofyn

ស្ដាប់

gwrando

ផឹក

yfed

បរិភោគ

bwyta

សម្អាត

tacluso

សុរលាញ់

caru

ចម្អិន

coginio

បើកបរ

gyrru

ហោះ

hedfan

ចកែទូក

hwylio

គណនា

cyfrifo

អាន

darllen

រៀន

dysgu

ធ្វើការ

gweithio

រៀបការ

priodi

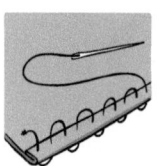

ដេរ

gwnïo

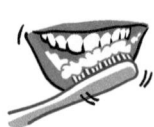

ដុសធ្មេញ

brwsio dannedd

សម្លាប់

lladd

ជក់

ysmygu

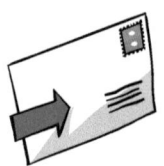

ផ្ញើលិ

anfon

ក្រុមគ្រួសារ
teulu

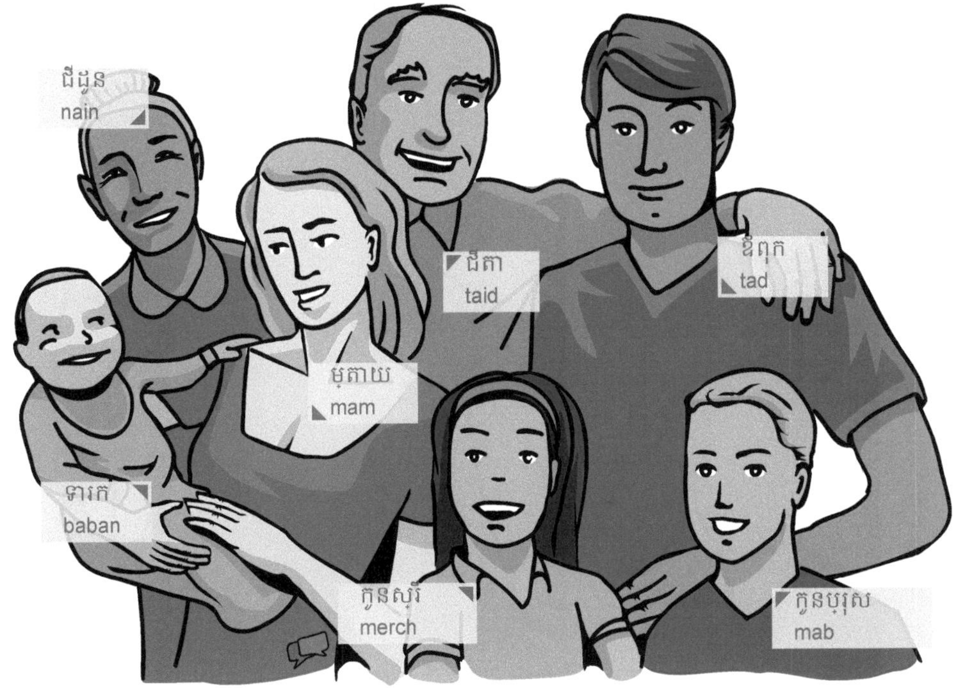

ជីដូន
nain
ជីតា
taid
ឪពុក
tad
ម្តាយ
mam
ទារក
baban
កូនស្រី
merch
កូនប្រុស
mab

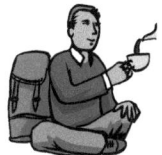

ភ្ញៀវ

gwestai

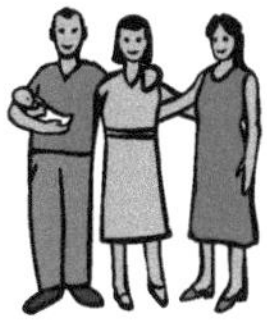

មីង

modryb

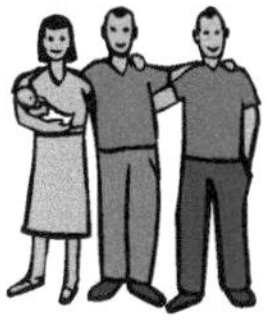

ពូ

ewythr

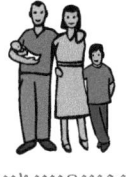

បងប្អូនប្រុស

brawd

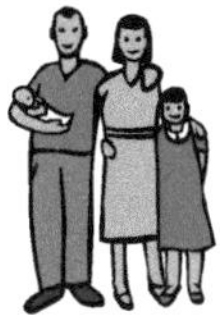

បងប្អូនស្រី

chwaer

ថ្ងាស
talcen

ភ្នែក
llygad

មុខ
wyneb

ចង្កា
gên

សុដន់
bron

មុរមដៃ
bys

ដៃ
llaw

ដៃ
braich

សុមា
ysgwydd

ជេ៊ីង
coes

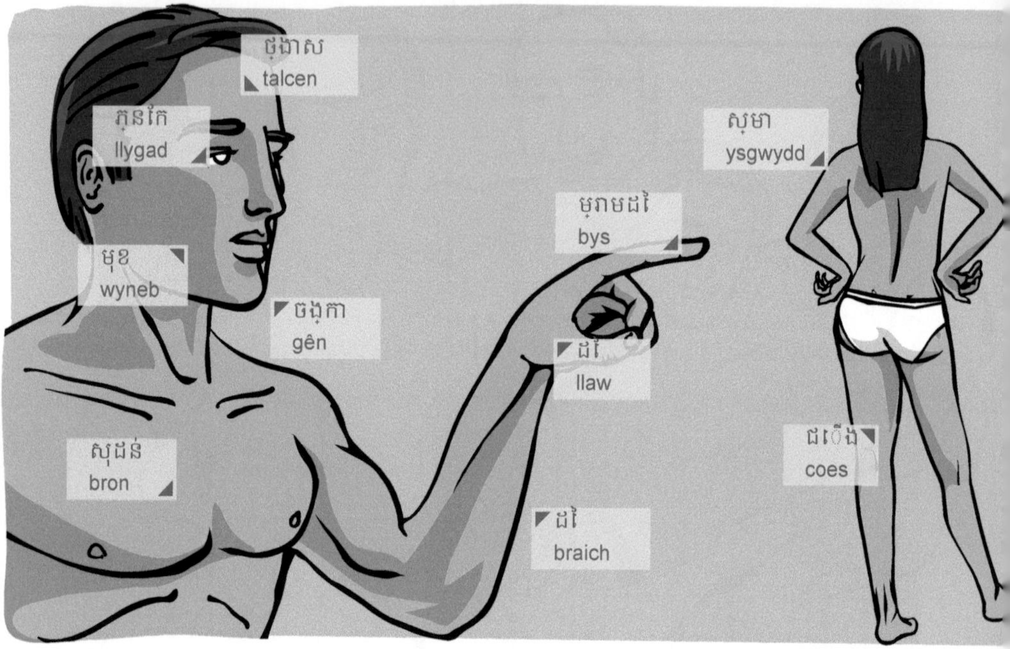

ទារក
....
baban

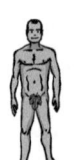

បុរស
....
dyn

ស្ត្រី
....
gwraig

កុមេងស្រី
....
geneth

កុមេងបុរស
....
bachgen

កុមាល
....
pen

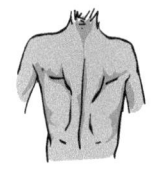

ខ្នង

cefn

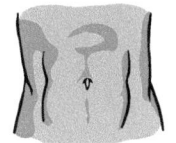

ពពោះ

bel

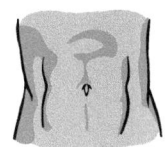

ផ្ចិត

bogail

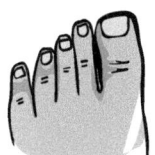

ម្រាមជើង

bys troed

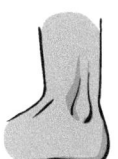

កែងជើង

sawdl

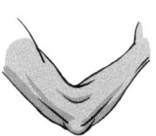

ឆ្អឹង

asgwrn

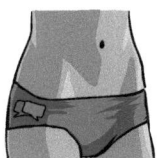

គូទគោក

clun

ផ្ងុតង់

pen-glin

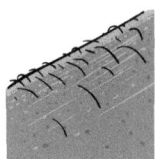

កែងដៃ

penelin

ច្រមុះ

trwyn

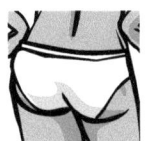

គូទ

pen ôl

សុបកៃ

croen

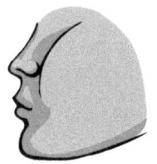

ថ្ពាល់

boch

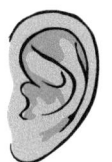

ត្រចៀក

clust

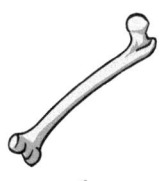

បបូរមាត់

gwefus

មាត់

ceg

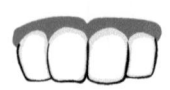

ធ្មេញ

dant

អណ្ដាត

tafod

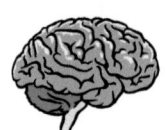

ខួរក្បាល

ymennydd

បេះដូង

calon

សាច់ដុំ

cyhyr

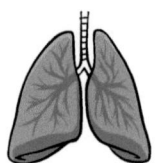

សួត

ysgyfaint

ថ្លើម

iau

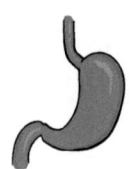

ក្រពះ

stumog

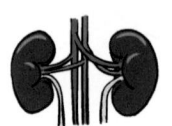

តម្រងនោម

arennau

ការរួមភេទ

rhyw

ស្រោមអនាម័យ

condom

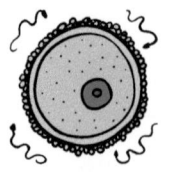

អូវុល

ofwm

ទឹកកាម

semen

ការមានផ្ទៃពោះ

beichiogrwydd

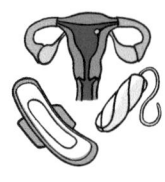

មករដ្ឋវ

mislif

ទ្វារមាស

fagina

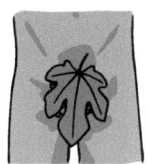

លិង្គ

pidyn

ចិញ្ចើម

ael

សក់

gwallt

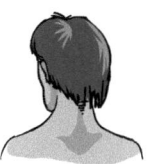

ក

gwddf

មន្ទីរពេទ្យ

ysbyty

មន្ទីរពេទ្យ
ysbyty

រថយន្តសង្គ្រោះបន្ទាន់
ambiwlans

ទូរៈរុញ
cadair olwyn

ការរបាក់ឆ្អឹង
torasgwrn

វេជ្ជបណ្ឌិត

meddyg

បន្ទប់សង្គ្រោះបន្ទាន់

ystafell argyfwng

គិលានុបដ្ឋាយិកា

nyrs

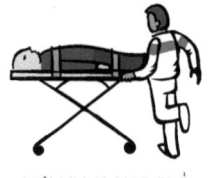

សង្គ្រោះបន្ទាន់

argyfwng

សន្លប់

anymwybodol

ការឈឺចាប់

poen

ការរងរបួស

anaf

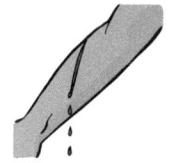

ការហូរឈាម

gwaedu

គាំងបេះដូង

trawiad ar y galon

ខ្សឹកខ្សាំងដាច់សរសៃឈាមក្នុង
ខួរក្បាល

strôc

អាលែកហ្សី

alergedd

ក្អក

peswch

ជំងឺគ្រុន

twymyn

ជំងឺផ្ដាសាយ

ffliw

ជំងឺរាគគ្រុស

dolur rhydd

ឈឺក្បាល

cur pen

ជំងឺមហារីក

canser

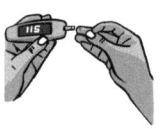

ជំងឺទឹកនោមផ្អែមម្ដៃ

diabetes

គ្រូពេទ្យវះកាត់

llawfeddyg

កាំបិតវះកាត់

fflaim

ប្រតិបត្តិការ

gweithrediad

CT

CT

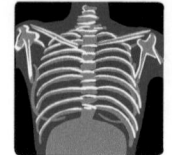

កាំស្មើអ៊ិត

pelydr-x

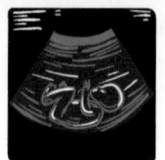

អកេ

uwchsain

របាំងមុខ

mwgwd wyneb

ជំងឺ

clefyd

រង់ចាំបន្ទប់

ystafell aros

ឈរើចូររត់

bagl

មុនាងសិលា

plastr

បង់រុ

rhwymyn

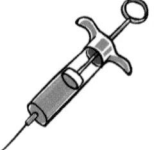

ការចាក់ថ្នាំ

pigiad

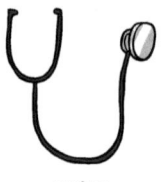

ស្ដេជក្ដេ

stethosgop

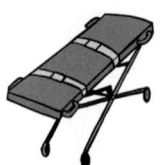

សុនដៃរបួស

elorwely

ទរែម្ម៉ម់ក្ដែរពុយាហាល

thermomedr clinigol

កំណើត

genedigaeth

ឈរើសទមុងន់

dros bwysau

បរិកណ៌ជំនួយការស្តាប់

cymorth clyw

សារធាតុសម្លាប់មេរោគ

diheintydd

ការឆ្លងមេរោគ

haint

មេរោគ

firws

មេរោគអេដស៍ / ជំងឺអេដស៍

HIV / AIDS

ថ្នាំពទ្យ

meddygaeth

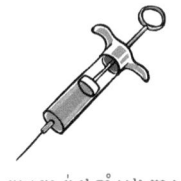

ការចាក់ថ្នាំបង្ការ

brechiad

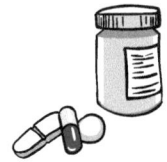

ថ្នាំគ្រាប់

tabledi

ថ្នាំគ្រាប់

y bilsen

ការហៅពលេអាសន្ន

galwad frys

ឧបករណ៍ពិនិត្យសម្ពាធ
····ឈាម····
monitor pwysau gwaed

ឈឺ / មានសុខភាពល្អ

yn sâl / yn iach

ជំនួយ!

Help!

សំឡេងរោទ៍

larwm

ការវាយលុក

ymosodiad

ការវាយប្រហារ

ymosodiad

គ្រោះថ្នាក់

perygl

ច្រកចេញគ្រោះអាសន្ន

allanfa argyfwng

អគ្គីភ័យ!

Tân!

បំពង់ពន្លត់អគ្គិភ័យ

diffoddwr tân

គ្រោះថ្នាក់

damwain

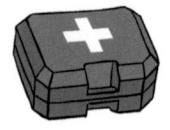

ឧបករណ៍ជំនួយបឋម

pecyn cymorth cyntaf

SOS

SOS

ប៉ូលិស

heddlu

អឺរុប

Ewrop

អាមេរិកខាងជើង

Gogledd America

អាមេរិកខាងត្បូង

De America

អាហ្វ្រិក

Affrica

អាស៊ី

Asia

អូស្ត្រាលី

Awstralia

អាត្លង់ទិច

Iwerydd

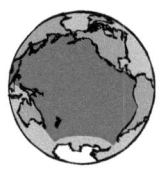

ប៉ាស៊ីហ្វិក

y Môr Tawel

មហាសមុទ្រឥណ្ឌា

Cefnfor yr India

មហាសមុទ្រអង់តាក់ទិច

Cefnfor yr Antarctig

មហាសមុទ្រអាកទិច

Cefnfor yr Arctig

ប៉ូលខាងជើង

Pegwn y Gogledd

ប៉ូលខាងត្បូង

Pegwn y De

អង់តាក់ទិក

Antarctica

ផែនដី

y Ddaear

ដីតខោក

tir

សមុទ្រ

môr

កោះ

ynys

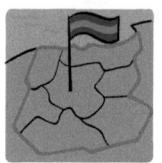

បុរទេសេជាតិ

cenedl

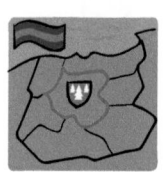

រដ្ឋប

gwladwriaeth

មុខនាឡិកា

wyneb cloc

ទុរនិចម៉ោង

bys awr

ទុរនិចនាទី

bys munud

ទុរនិចវិនាទី

bys eiliad

ម៉ោងប៉ុន្មាន?

Faint o'r gloch yw hi?

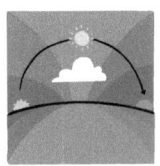

ថ្ងៃ

dydd

ពេលវេលា

amser

ឋប្ជូវនះ

yn awr

នាឡិកាឌីជីថល

cloc digidol

នាទី

munud

ម៉ោង

awr

សបុ្តាហ៍

wythnos

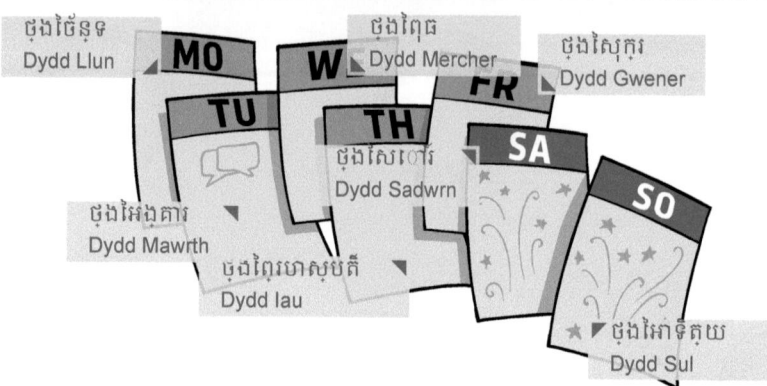

ថ្ងៃចន្ទ
Dydd Llun

ថ្ងៃពុធ
Dydd Mercher

ថ្ងៃសុក្រ
Dydd Gwener

ថ្ងៃសៅរ៍
Dydd Sadwrn

ថ្ងៃអង្គារ
Dydd Mawrth

ថ្ងៃព្រហស្បតិ៍
Dydd Iau

ថ្ងៃអាទិត្យ
Dydd Sul

មុសិលមិញ
ddoe

ថ្ងៃនេះ
heddiw

ថ្ងៃស្អែក
yfory

ពូវីក
bore

ថ្ងៃត្រង់
canol dydd

ល្ងាច
noswaith

ថ្ងៃធ្វើការ
diwrnodiau busnes

ចុងសបុ្តាហ៍
penwythnos

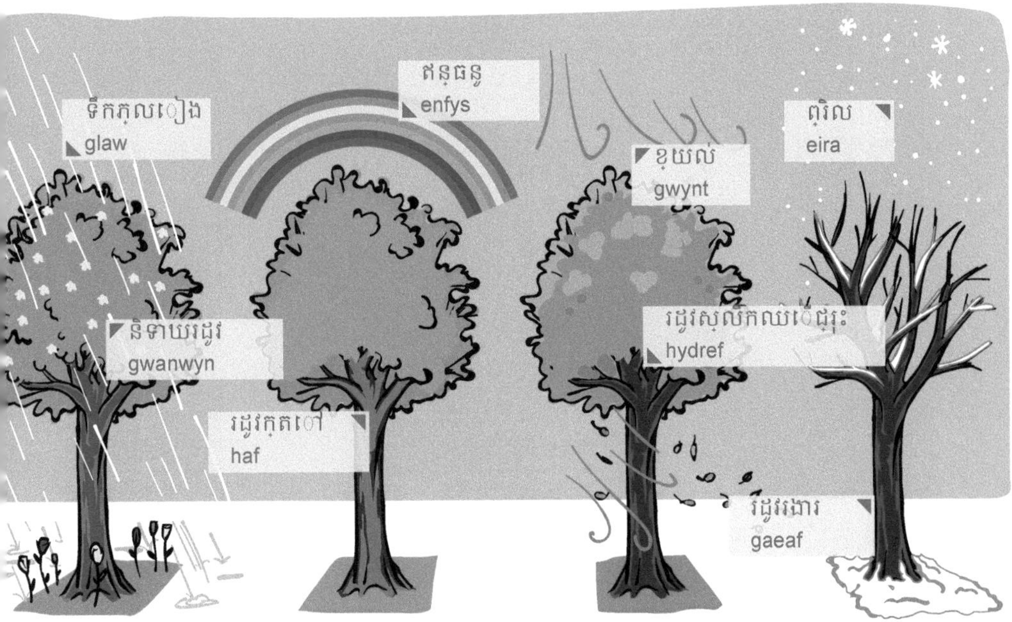

ទឹកភ្លៀង
glaw
ឥន្ធនូ
enfys
ខ្យល់
gwynt
ព្រិល
eira
និទាឃរដូវ
gwanwyn
រដូវក្តៅ
haf
រដូវស្លឹកឈើជ្រុះ
hydref
រដូវរងារ
gaeaf

4.APRIL 11°
5.APRIL 4°
6.APRIL 13°
7.APRIL 8°
8.APRIL 10°

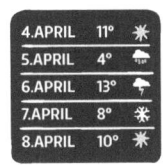

ារព្យាករណ៍អាកាសធាតុ

rhagolygon y tywydd

F C
120 40
90 30
60 20
30 10
0 0
-30 -10
-20

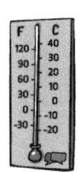

ទែម៉ូម៉ែត្រ

thermomedr

ពន្លឺថ្ងៃ

heulwen

ពពក

cwmwl

អ័ព្ទ

niwl tew

សំណើម

lleithder

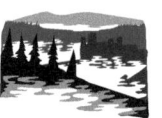

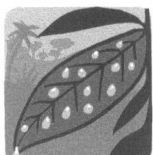

រន្ទះ
....
mellt

ផ្គរ
....
taranau

ព្យុះ
....
storm

ព្រិល
....
cenllysg

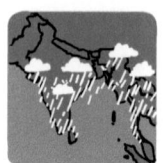

ខ្យល់មូសុង
....
monswฟn

ទឹកជំនន់
....
llif

ទឹកកក
....
iâ

ខែមករា
....
Ionawr

ខែកុម្ភៈ
....
Chwefror

ខែមីនា
....
Mawrth

ខែមេសា
....
Ebrill

ខែឧសភា
....
Mai

ខែមិថុនា
....
Mehefin

ខែកក្កដា
....
Gorffennaf

ខែសីហា
....
Awst

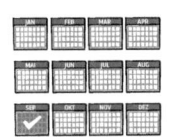

ខែកញ្ញា
....
Medi

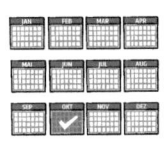

ខែតុលា
....
Hydref

ខែវិចិ្ឆកា
....
Tachwedd

ខែធ្នូ
....
Rhagfyr

រាង

siapiau

រង្វង់
....
cylch

ការ៉េ
....
sgwâr

ចតុកោណកែង
....
petryal

ត្រីកោណ
....
triongl

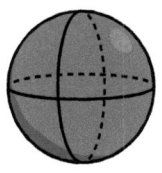

ស្វ៊ែរ
....
sffêr

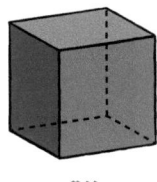

គូប
....
ciwb

ពណ៌ស

gwyn

ពណ៌លឿង

melyn

ពណ៌ទឹកក្រូច

oren

ពណ៌ផ្កាឈូក

pinc

ពណ៌ក្រហម

coch

ពណ៌ស្វាយ

porffor

ពណ៌ខៀវ

glas

ពណ៌បៃតង

gwyrdd

ពណ៌ទឹកក្រូច

brown

ពណ៌ប្រផេះ

llwyd

ពណ៌ខ្មៅ

du

ចូរវេន / តិចតួច

llawer / ychydig

ខឹង / គួរជាក់ចិត្ត

dig / tawel

សុរស់សុអាត / អាកុរក់

hardd / hyll

ចាប់ផ្ដុតម្ដើម / បញ្ចប់

dechrau / diwedd

ធំ / តូច

mawr / bach

ភ្លឺ / ងងឹត

llachar / tywyll

បុអ្នុនបុរស / បងបុអ្នុនស្រី

brawd / chwaer

សុអាត / កខ្វរក់

glân / budr

ពញ្ញលញ្ញ / មិនពញ្ញលញ្ញ

gyflawn / anghyflawn

ថ្ងៃ / យប់

dydd / nos

ស្លាប់ / នរៅវរស់

farw / yn fyw

ធំទូលាយ / តូចចង្អរអៀត

eang / cul

អាចបរិភោគបាន / មិនអាចបរិភោគបាន

bwytadwy / anfwytadwy

ចិត្តអាក្រក់ / ចិត្តល្អ

drwg / caredig

ការរំភើប / អផ្សុក

llawn cyffro / diflasu

ធាត់ / ស្គម

tew / tenau

ដំបូង / ចុងក្រោយ

cyntaf / olaf

មិត្តភក្តិ / សត្រូវ

cyfaill / gelyn

ពេញ / ទទេ

llawn / gwag

រឹង / ទន់

caled / meddal

ធ្ងន់ / ស្រាល

trwm / ysgafn

ភាពអត់ឃ្លាន / ការស្រេកឃ្លាន

wedi newyñnu / ŷn sychedig

ឈឺ / មានសុខភាពល្អ

yn sâl / yn iach

ខុសច្បាប់ / ត្រូវច្បាប់

anghyfreithlon / cyfreithiol

ឆ្លាតវៃ / ឆ្កួត

deallus / twp

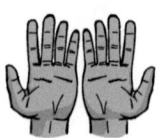

ឆ្វេង / ស្តាំ

chwith / dde

ជិត / ឆ្ងាយ

agos / pell

ថ្មី / ហានប្ចរេ៊
wydd / wedi'i ddefnyddio

គ្មានអ្វីសោះ / អ្វីម្ចយ
dim / rhywbeth

ចាស់ / ក្មង
hen / ifanc

បរេ៊ក / ចិទ
ymlaen / i ffwrdd

បរេ៊ក / ចិទ
ar agor / ar gau

ស្ងប់ស្ងាត់ / ឭខ្លាំង
tawel / uchel

មាន / ក្ដ
cyfoethog / tlawd

គ្តូវ / ខុស
cywir / anghywir

គ្តរេ៊ម / រលោង
garw / llyfn

 រាកចិត្ត / សបុហាយចិត្ត
trist / hapus

ខ្លី / វែង
byr / hir

យ៊ត / លឿន
araf / cyflym

សរេ៊ម / ស្ងួត
gwlyb / sych

ក្ដរៅ / គ្ដ្ជាក់
cynnes / claear

សង្ក្រាម / សន្តិភាព
rhyfel / heddwch

0 — សូន្យ — sero

1 — មួយ — un

2 — ពីរ — dau

3 — បី — tri

4 — បួន — pedwar

5 — ប្រាំ — pump

6 — ប្រាំមួយ — chwech

7 — ប្រាំពីរ — saith

8 — ប្រាំបី — wyth

9 — ប្រាំបួន — naw

10 — ដប់ — deg

11 — ដប់មួយ — un deg un

12
ដប់ពីរ
un deg dau

13
ដប់បី
un deg tri

14
ដប់បួន
un deg pedwar

15
ដប់ប្រាំ
un deg pump

16
ដប់ប្រាំមួយ
un deg chwech

17
ដប់ប្រាំពីរ
un deg saith

18
ដប់ប្រាំបី
un deg wyth

19
ដប់ប្រាំបួន
un deg naw

20
ម្ភៃ
dau ddeg

100
រយ
cant

1.000
ពាន់
mil

1.000.000
លាន
miliwn

អង់គុលសេ

Saesneg

អង់គុលសេអាមរិក

Saesneg America

ចិនកុកឌឺ

Tsieinëeg Mandarin

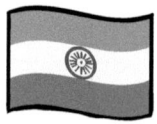

ហិណ្ឌូ

Hindi

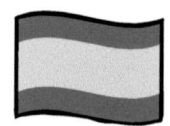

អេស្បាញ

Sbaeneg

ហារាំង

Ffrangeg

អារ៉ាប់

Arabeg

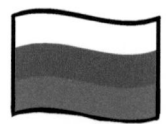

រុស្សី

Rwseg

ព័រទុយហ្គាល់

Portiwgaleg

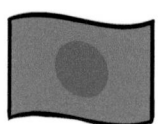

បង់កុលាដសែ

Bengali

អាល្លឺម៉ង់

Almaeneg

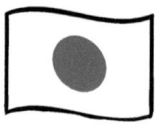

ជប៉ុន

Siapanaeg

ខ្ញុំ
fi

អ្នក
ti

គាត់ / នាង / វា
ef / hi

យើង
ni

អ្នក
chi

ពួកគេហេន
nhw

នរណា?
pwy?

អ្វី?
beth?

របៀបណា?
sut?

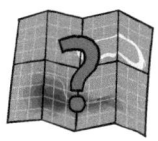

កន្លែងណា?
ble?

ពេលណា?
pryd?

ឈ្មោះ
enw

ពីក្បូរពោយ

y tu ôl i

ក្បនុង

yn / yng / ym / mewn

ពីមុខ

o flaen

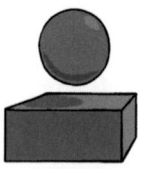

ពីលពើ

dros

នពេលពើ

ar

នពេកបូរពោម

dan

នពេកបវដៃ

wrth ochr

រវង

rhwng

កន្លងដៃ

lle